HET FAMILIEALBUM VAN
TONY T. REX

EEN DINOGESCHIEDENIS

VOLT

HOI, IK BEN TONY.

Ik ben een tyrannosaurus rex. T. rex, noemen ze me wel, maar jij mag Tony zeggen. Ik ga je vertellen over het leven van dinosaurussen. En hoe kan dat beter dan aan de hand van verhalen over mijn eigen familie? Hou je vast voor gepeperde weetjes rechtstreeks uit het dino-universum!

WIE IS WIE?

FAMILIEGEHEIMEN OPGRAVEN BLZ. 8
DE GROTE FOSSIELENZAAL BLZ. 52
WAAR? BLZ. 56
ZELF FOSSIELEN VINDEN BLZ. 58
DINOWOORDEN BLZ. 60
REGISTER BLZ. 62

BRACHIOSAURUS
Bolbuik Bil
blz. 22

CERATOSAURUS
Gehoornde Harrie
blz. 24

ALLOSAURUS
Cruella de Verschrikkelijke
blz. 20

MEGALOSAURUS
Giga Lisa
blz. 11

FAMILIEGEHEIMEN OPGRAVEN

Als je mijn verhalen niet gelooft, moet je het maar aan de wetenschappers vragen. Paleontologen zijn onze trouwste fans. Met niet meer dan een schep, een pikhouweel en een kwast zijn ze soms tientallen jaren bezig onze fossielen op te graven. Maar... de geheimen die ze opdiepen zijn het allemaal waard! Zo werkt het:

1. NEEM EEN DODE DINO

Het duurt miljoenen jaren voor een fossiel ontstaat. Begin met een dino die doodging bij een meer of rivier. Laat zijn vlees rotten (ongeveer vijf jaar).

2. BEDEK HEM MET MODDER

Daarna bedek je het skelet met dikke lagen modder en zand. Door het gewicht verandert de onderste laag grond in zandsteen.

3. VOEG EEN SCHEUT WATER TOE

Laat water door de zandsteen sijpelen. Het tast de dinobotten aan, maar geen zorgen! De mineralen in het water veranderen de botten in keiharde fossielen.

4. WACHT TWEE MILJOEN JAAR

Nu wacht je twee miljoen jaar tot de zandsteen rond het fossiel is weggesleten. En scheppen maar.

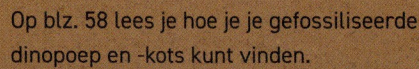

Op blz. 58 lees je hoe je je gefossiliseerde dinopoep en -kots kunt vinden.

Heb je ooit geprobeerd een puzzel te leggen waarvan je hond de helft van de stukjes heeft opgegeten? Dan weet je hoe het voelt om een dinofossiel in elkaar te zetten. Door de modder zijn de botten vaak van elkaar losgeraakt. Voor een paleontoloog is het daarom goed om het verschil te weten tussen een dinosaurus en een supergrote hagedis.

MEER GATEN DAN ANDEREN

Dino's hebben een extra gat in hun schedel tussen hun oogkas en hun neusvleugel. Waarom? Niemand die het weet.

HET GEHEIM ZIT 'M IN DE HEUP

Wat is het verschil tussen een dino en een tweepotig reptiel? Het dijbeen van een dino zit in een diepe gewrichtskom en in het heupbot zit een gat.

PUZZELEN

Je hebt een heleboel wetenschappers, technici en kunstenaars nodig om een dinosaurus weer in elkaar te puzzelen. Met onzichtbare metalen staafjes maken ze de botten aan elkaar vast. Zo zetten ze het skelet in elkaar.

DE JURA
201 TOT 145 MILJOEN JAAR GELEDEN
(dat is echt super, super, súperlang geleden)

Laat ik bij het begin beginnen: 201 miljoen jaar geleden. De jura, heet die periode. Mensen bestonden nog niet en de reptielen die tot die tijd in het triastijdperk hadden geleefd, waren door een massale uitstervingsgolf van de aarde weggevaagd. De weg voor de dinosaurussen was vrij, onze opmars kon beginnen!

Binnen dertig miljoen jaar hadden we onszelf verspreid over bijna heel Pangea. Zo heette het supercontinent dat de wereld toen was, vóórdat het in stukjes brak en de continenten ontstonden die jullie nu kennen. Het is een schande dat er een nieuwe massa-uitstervingsgolf in aantocht was (dit keer was het een enorme meteoriet), die de dinosaurussen zou treffen. Was dat niet gebeurd, dan las nu misschien een dinokind dit boek, in plaats van jij.

MEGALOSAURUS

GIGA LISA
ENGELAND

Mijn familiegeschiedenis begint met Giga Lisa. Ze was een van de eerste dino's die geleefd heeft en de allereerste die ooit door mensen werd ontdekt. Haar botten werden gevonden door ene William Buckland. Hij dacht dat ze een megahagedis was. Wist hij veel, hij had geen idee dat wij bestonden!

KAMPIOEN ZWAARGEWICHT
De helft van het gewicht van de drieduizend kilo zware megalosaurus zat in de staart. Daar wilde je ab-so-luut geen klap van.

DE EERSTE DE BESTE
Megalosaurussen waren een van de eerste 'theropode' dino's. 'Op twee poten', betekent dat. Aan elk van die poten hadden ze drie tenen. Hun botten waren hol en hun honger naar vlees was groot!

BOVENAAN DE VOEDSELKETEN
Giga Lisa en haar megalosaurus-matties heersten samen met de dilophosaurussen tijdens de jura. Ze aten zo'n beetje elke andere dino die in die tijd rondliep.

Gelukkig kwamen wetenschappers er snel achter dat hagedissen en dinosaurussen heel verschillend zijn. Wij zijn natuurlijk veel indrukwekkender, Lisa was daarop geen uitzondering. Met haar drieduizend kilo was ze de kampioen zwaargewicht van de midden-jura.

EPIDEXIPTERYX

BOB BROKKENPILOOT
CHINA

Tijdens het juratijdperk waren vogels nog volop in ontwikkeling. Dino's zoals mijn verre voorouder Bob Brokkenpiloot experimenteerden met nieuwe uiterlijke kenmerken. Zo testte zijn soort het effect van veren-voor-de-mooi. Die veren dienden alleen om de eigenaar knapper te maken, maar stiekem hoopte Bob dat hij er ook mee kon vliegen. Die hoop vervloog toen hij op een dag uit een boom sprong en met een smak op de grond landde, vlak voor de voeten van een hongerige megalosaurus-baby.

DINOKLAUW
Een epidexipteryx was zo groot als een duif, maar in plaats van een snavel en vleugels had hij scherpe konijnentandjes en lange klauwen.

LIOPLEURODON
ZWEMKAMPIOEN DOLFINA
FRANKRIJK

Als het op zwemmen aankwam, was Dolfina de beste. Ze bedacht de 'vier-flipper-slag', waarbij ze al haar peddelvormige poten tegelijk gebruikte (dat had min of meer hetzelfde effect als wanneer je een buitenboordmotor aan een kano hangt). Dolfina spoot vooruit, drie jaar op rij won ze de trans-Atlantische-Oceaan-race. Dat klinkt leuker dan het was. Door haar reusachtigheid pasten vrijwel alle oceaanbewoners in haar bek. Je snapt dat het moeilijk vrienden maken is als iedereen bang is uitgenodigd te worden voor een 'etentje'.

NUMMER ÉÉN!
Dolfina was zo groot als een walvis. Daarmee was ze het grootste zwemmende roofdier dat ooit heeft geleefd.

DINOVERSNELLINGSBAK
Een liopleurodon was eigenlijk geen dinosaurus, maar een pliosaurus (een groep van grote vleesetende zeereptielen). Liopleurodonten waren soms wel vijftien meter lang en haalden snelheden tot tien kilometer per uur. Net als een auto konden ze naar een hogere versnelling schakelen als ze hun prooi aanvielen.

IK RUIK JE WEL!
Met haar goede neus scande Dolfina het water op geurtjes. Geloof me: als je een scheet liet, wist ze dat jij het was!

DIPLODOCUS
DIPPY
AMERIKA

Dippy, zo noemden vrienden mijn oom de diplodocus, omdat hij zo'n goedzak was. Oké, sommigen dachten dat hij een lompe woesteling was, maar die kenden hem niet echt. Die keken alleen naar zijn uiterlijk en ja, wat wil je dan, als je de langste dino ooit bent! Maar Dippy deed geen vlieg kwaad. Hij deed zijn best niet op anderen te gaan staan en verder at hij strikt vegetarisch.

TANDENKAM
Dippy had een bek vol glimmende tanden. Als een kam, zeg maar. Daarmee stripte hij bladeren van varens, paardenstaarten en coniferen.

Toegegeven, een beetje dom was Dippy wel. Hij had ongelooflijk kleine hersentjes. Geen dino had zo'n kleine kop in vergelijking met zijn lijf als hij.

ZWEEPSTAART
Een diplodocus kon zijn staart laten knallen als een zweep. Hij kon roofdieren zo'n oplawaai verkopen dat ze even dachten dat ze konden vliegen. Van kop tot staart mat oom Dippy vijfendertig meter. Stel je voor, dat is langer dan drie bussen achter elkaar!

XXL
Zelfs als de diplodocus volwassen was, groeide hij nog steeds door. Elke dino die er ook maar over dácht om hem als lunch te verorberen, zou eerst misselijk worden en daarna uit elkaar klappen – zó groot was hij.

STEGOSAURUS
COWBOY STEKEL
AMERIKA

Toen mijn overgrootvader Stekel nog een baby was, snapten zijn ouders al wel dat hij geen hersenchirurg zou worden. Stekels eigen hersenen waren namelijk niet groter dan een pruim. Maar wat hij miste aan slimheid, maakte hij goed met domme kracht. Zat er een allosaurus of een ceratosaurus achter hem aan, dan rende hij niet weg. Waarom zou hij? Eén zwiep van zijn staart was genoeg om ze tegen een rots te pletten.

DODELIJK WAPEN

De stekels op de staart van mijn overgrootvader waren dodelijk. Paleontologen ontdekten het toen ze een allosaurus vonden met een gat in zijn ruggengraat. Een gat in de vorm van een stekel van een stegosaurus.

Stekel had ook een aantal harde platen op zijn rug. Niemand in de familie heeft ooit begrepen waar die voor waren. Maar cool waren ze wel. Met die stekelstaart, die rugplaten en dat trage loopje van hem was Stekel net een cowboy. En zeg nu zelf: wie heeft hersenen nodig als-ie de Lucky Luke van de jura is?

GEVARENDRIEHOEK

Ze zeggen dat de rugplaten van een stegosaurus rood kleurden als er gevaar dreigde. Van een roofdier bijvoorbeeld. Zag je Stekel blozen, dan wist je dat je uit de buurt moest blijven.

RESERVEHERSENEN

Het zou kunnen dat stegosaurussen een setje reservehersenen in hun ruggenmerg hadden, twintig keer groter dan die in hun kop. Maar of Stekel daarmee wél een slimme jongen was geweest, vraag ik me af.

ALLOSAURUS
CRUELLA DE VERSCHRIKKELIJKE
PORTUGAL

Oké, haar tanden waren misschien niet zo geschikt om botten mee te kraken als de mijne, maar dat maakte Cruella de allosaurus niet minder eng. De hoorntjes op haar kop, haar lange slangennek en dan dat onverschrokken gedrag... Voor veel stegosaurussen en diplodocussen was het een dodelijke combi (en dan wisten ze nog niet eens van haar dolkachtige tanden – zeventig stuks...)

WIEBELIG
Zonder haar grote gespierde staart zou Cruella een wiebelig beest zijn geweest. Door haar zware kop zou ze beslist naar voren kukelen.

KROM EN KARTELIG
Cruella's tanden hadden kartelrandjes. Als een vleesmes sneden ze door je vel. Doordat ze naar achteren bogen had ze een stevige greep op haar prooi.

HARTSTIKKE HANDIG

Allosaurussen hadden haakvormige klauwen, waarmee ze als een stel sterke handen van alles konden vastgrijpen. Had Cruella je in haar greep, dan was er geen ontsnappen meer aan.

BROEDMACHINE

Net als andere dino's sloegen vrouwtjes-allosaurussen calcium op in hun botten. Die calcium gebruikten ze om eierschalen mee te maken. Baby-allosaurussen werden geboren in een ei, net als vogels.

Cruella had ook een speelse kant. Haar favoriete spelletje? Verstoppertje. Niets vond ze leuker dan uit haar schuilplaats tevoorschijn springen en een onschuldige voorbijganger grijpen. Maar zoals mijn moeder altijd zei: 'Het is allemaal leuk en aardig tot er iemand gewond raakt.' Cruella's speelkameraadjes leefden nooit erg lang.

BRACHIOSAURUS
BOLBUIK BIL
TANZANIA

Eén ding van mijn over-over-overgrootvader Bil zal ik nooit vergeten: hij at ALTIJD. Je snapt meteen dat hij een van de grootste en zwaarste dieren was die ooit heeft bestaan.

Zodra er iets groens of grazigs in de buurt was, liep hij eraan te knabbelen. Nadeel van die vraatzucht: hij werd er ongelooflijk winderig van. Man, wat kon die ouwe Bil stinken!

LANGNEK
Brachiosaurussen waren de giraffen onder de dino's. Dankzij hun lange nekken konden ze zelfs bij de blaadjes helemaal boven in de boom. Een brachiosaurusnek was negen meter lang. Zijn hart moest twee keer zo hard pompen als dat van een giraf om het bloed bij zijn hersenen te krijgen.

KAALSLAG
Brachiosaurussen waren zo groot dat ze elke dag vierhonderd kilo blaadjes moesten eten om te overleven. Was Bolbuik Bil langs geweest dan zag je dat meteen: alle bomen waren kaal.

GROTE MOND
Bils lepelvormige tanden waren ideaal om planten mee te strippen. Het was net of hij zijn eigen bestek bij zich had. Voordeel: hij hoefde nooit de afwas te doen.

CERATOSAURUS
GEHOORNDE HARRIE
AMERIKA

Dit is een familiegeheim waar ik niet trots op ben. Mijn neef Harrie was een ceratosaurus die wilde dat we hem 'De Hoorn' noemden. Vanwege die hoorn op zijn neus, snap je. Ceratosaurussen waren een stuk kleiner dan andere vleeseters, daarom jaagden ze in groepen. Op een dag, na een week waarin ze bijna niets gevangen hadden, was Harrie zo uitgehongerd dat hij een stuk uit een van zijn maatjes beet.

+ 1
Harrie kon goed rennen. Dat kwam omdat hij aan elke poot vier tenen had in plaats van drie. De nagels aan zijn tenen gaven extra grip, net zoals noppen onder voetbalschoenen.

BABYKIDNAPPER
Ceratosaurussen stalen de eieren van andere dinosaurussen. Je snapt dat Harrie niet vaak werd gevraagd als babysitter.

Tja... daarna was er geen houden meer aan. Hij vrat gewoon al zijn vrienden op. Wie niet werd opgevreten, werd zelf kannibaal. Snap je nu waarom we het in de familie nooit over Harrie hebben?

DODELIJK AANTREKKELIJK
Harries hoorn lijkt dodelijk, maar in de praktijk gebruikte hij hem alleen om meisjes mee te versieren. Je kunt veel over mijn neef zeggen, maar als het op de dames aankwam, wist hij waar hij mee bezig was.

GRIMLACH
De tanden van een ceratosaurus waren messcherp en te groot voor zijn bek. Het leek of hij naar je stond te glimlachen, maar de kans was groter dat hij je wilde opeten.

ARCHAEOPTERYX
VLEUGELVLUGGE TANTE VICTORIA
DUITSLAND

Dino's konden vliegen. Het levende – nou ja, dode – bewijs daarvoor is het fossiel van mijn tante Victoria. Op een dag, toen tante rondkuierde op het tropische eiland Duitsland, botste ze op een nogal grote, nogal hongerige compsognathus-dinosaurus. Links stond een palmboom, rechts een rots. Tante Victoria wist: het is vliegen of vaarwel. Dus sloeg ze haar vleugels uit en vloog. Het verhaal van haar miraculeuze ontsnapping verspreidde zich snel en duizenden jonge dino's vierden sindsdien hun innerlijke vogel.

FLAPPERDEFLAP
Door de archaeopteryx waren onderzoekers járen in verwarring – tot ze doorkregen dat niet alle dino's schubben hadden. De veren van tante Victoria gaven haar niet alleen warmte, ze wapperde zichzelf er ook mee de lucht in.

DE GROTE ONTSNAPPING
Archaeopteryxen vlogen net als vogels. Tante Victoria gebruikte haar vleugels en redde zichzelf uit de kaken van een hongerige compsognathus.

HET KRIJT
145 TOT 66 MILJOEN JAAR GELEDEN
(dat is echt super, súperlang geleden)

Als mijn oma het over de gouden jaren had, dan bedoelde ze het krijt. In die tijd lieten wij dino's pas echt zien wat voor waanzinnige beesten we waren. We ontwikkelden nieuwe hobby's en talenten. Na tante Victoria ontdekte ook anderen hoe ze moesten vliegen. We reisden de wereld over en – niet onbelangrijk! – we leerden ons eten kauwen. Het hielp dat het klimaat in die tijd warmer werd (een zonnetje brengt iedereen in een goed humeur). Nieuwe planten en dieren ontstonden en gaven de wereld een fris tintje.

IGUANODON

OOM MAGELLAAN
BELGIË

Niet lang nadat de eerste planten op aarde bloemen kregen, verscheen de vreedzaamste dinosaurus die ooit heeft geleefd. Geleid door mijn zorgeloze oom Magellaan verplaatsten de iguanodonten zich in kuddes. Ze waren altijd op zoek naar hun volgende vega-hap. Daarvoor reisden ze helemaal naar Mongolië en Antarctica.

REISLEIDERS
Iguanodonten legden grote afstanden af. Andere dinofamilies, zoals de ankylosaurussen, sloten zich soms bij hen aan. De iguanodonten waren niet alleen goede bodyguards, je kon ook leuk met ze op excursie.

OM OP TE KAUWEN
Met hun afgeplatte tanden konden iguanodonten zelfs de taaiste planten vermalen. Handig, zo'n gebit: oom Magellaan had nooit last van zijn maag.

'Vrede op aarde', dat was het motto van de iguanodonten. Hun leven-en-laten-leven-houding bezorgde ze hun grootste prestatie: de iguanodon was de eerste dino die op zijn eten kauwde. Eerder hadden dinosaurussen hun maaltijd in één hap verslonden. Oom Magellaan en zijn kudde lieten zien dat je het met een glimlach en goede tafelmanieren ver kon schoppen in de wereld.

OPGESTOKEN DUIM

Aan de duim van een iguanodon zat een scherpe punt. Daarmee kon hij zaadjes openen, maar ook vijanden de stuipen op het lijf jagen. En nee, zo'n opgestoken duim betekende dus niet dat de iguanodon stond te liften...

SINORNITHOSAURUS
KRUIPERIGE GLADJAKKER
CHINA

En dan had je Kruiperige Gladjakker. Niemand in de familie wist of ze echt bestond. Of ze geen fabeltje was. *Fake news*. Haar verhaal: ze was half vogel, half hagedis. Een spookverschijning die verstopt onder haar veren door het bos bewoog. Ze vloog niet zoals vogels. Het was meer een soort zweven wat ze deed, hoog tussen de boomtoppen.

Volgens de verhalen kwam Kruiperige Gladjakker op voor iedereen die klein en zwak was. Maar ik weet het niet. Er is ook bewijs dat het tegengestelde lijkt te tonen. Ooit werd een zwevende dino gespot met precies haar kleur en formaat die zijn giftige beet gebruikte om een babydino te verlammen en daarna op te dienen voor het diner.

ZAKJE VOL VENIJN

Een sinornithosaurus had lange, holle tanden en een soort zakje in de bovenkaak waar gif in zat. Met dat gif kon Kruiperige Gladjakker een vijandig roofdier in een oogwenk omtoveren in een kant-en-klaarmaaltijd.

GEVEDERDE VIJAND

Er is ooit een fossiel van een sinornithosaurus in barnsteen gevonden waarin je alle vezeltjes van de veren tot in detail ziet zitten. Zonder dat fossiel zouden jullie waarschijnlijk denken dat Kruiperige Gladjakker een kip was geweest.

TITANOSAURUS
ZWAARGEWICHT DIANA
ARGENTINIË

Het is niet onaardig bedoeld als ik zeg dat mijn achternicht Diana de zwaarste dino ter wereld was. Het kwam door haar lange nek waarmee ze helemaal tot de bovenste boomtoppen reikte. Terwijl de kleinere dino's ruziemaakten over wie de lekkerste stukjes boomschors kreeg, ging Diana alleen voor de sappigste blaadjes bovenin. Ze was een combi van een fijnproever en een heggenschaar maar dan formaatje mini-berg.

ONDERGRONDSE NESTEN

Vrouwtjes-titanosaurussen legden zo'n vijfentwintig eieren per keer. Met hun achterpoten groeven ze holen waarin ze hun legsel bedekten met bladeren. In die warme holletjes kwamen de eieren uit.

MAAR DUS ECHT GRÓÓT

Titanosaurussen waren de grootste dieren die ooit op aarde hebben geleefd. In het Amerikaans Natuurhistorisch Museum staat een fossiel van zeventigduizend kilo. Dat is evenveel als twaalf olifanten. Wetenschappers moesten wegen omleggen en een deel van een heuvel afgraven om het geraamte boven de grond te krijgen. Diana zou het gênant hebben gevonden als ze erbij was geweest.

VROUW VAN DE WERELD

Niets leuker dan reizen met vrienden, vond Diana. Op alle continenten zijn fossielen van titanosaurussen gevonden, zelfs Antarctica. In de Gobiwoestijn in China vonden ze eens een pootafdruk van bijna een meter doorsnee. Dat is schoenmaat 151!

PTEROSAURUS
DE LUCHTMACHT VAN HET MESOZOÏCUM

Hoewel ze strikt genomen geen echte dino's waren, voel ik me toch sterk verwant aan de luchtmacht van het mesozoïcum. We delen namelijk dezelfde over-over-over-over-overgrootvader-overgrootmoedergedis. Pterosaurussen fladderden de dinogeschiedenisboeken in omdat ze met hun holle botten, leerachtige vleugels en uitstekende zicht het goede voorbeeld gaven. Terwijl de rest van mijn voorouders het loodje legde tijdens de massale uitstervingsgolf van het krijt-tertiair, vlogen zij overal vrolijk overheen. Alles bij elkaar bevolkten pterosaurussen de lucht miljoenen jaren lang.

LUCHTZEILER
Pteranodon, Amerika
Een pteranodon kon langs de hemel zeilen als een albatros. Op een bel van warme luchtstromen steeg hij op zonder met zijn vleugels te wapperen. Sloeg hij zijn leerachtige vleugels uit, dan was hij zeven meter breed.

FLADDERENDE GIRAF
Hatzegopteryx, Roemenië
Deze pterosaurus was het grootste vliegende dier ooit. Hij leefde op het eiland Hateg voor de kust van Roemenië, waar hij geen natuurlijke vijanden had. De hatzegopteryx was zo groot als een giraf en zijn spanwijdte was elf meter. Zijn prooi slikte hij in een grote hap in één keer door.

Anurognathus, Duitsland

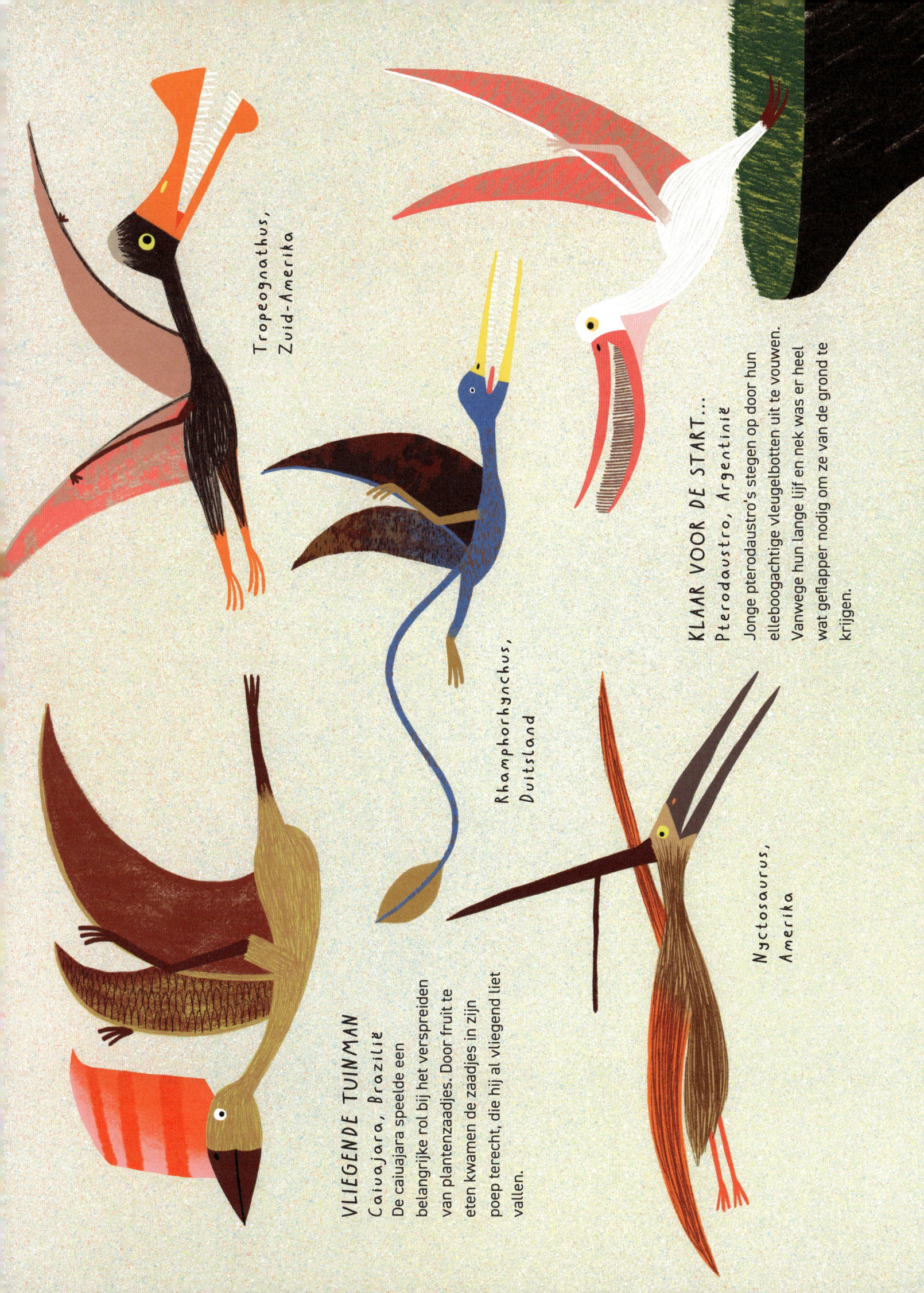

GIGANOTOSAURUS

HAGEDIS, JAMES HAGEDIS
ARGENTINIË

LANGTANDIG
James Hagedis had een gevaarlijke glimlach. Giganotosaurussen zoals hij hadden scherpe karteltanden van twintig centimeter lang. Gecombineerd met een gespierde nek konden ze een prooi aan stukken rijten zoals jij stokbrood aan stukken scheurt.

LICHT IN HET HOOFD
Hoewel de kop van een giganotosaurus twee meter lang kon zijn, was hij niet zwaar. Dat kwam door grote gaten in de zijkant van z'n schedel. Dankzij die lichte kop kon de giganotosaurus hard rennen. Nadeel was wel dat z'n schedel zo breekbaar was dat hij er geen botten mee kon kraken.

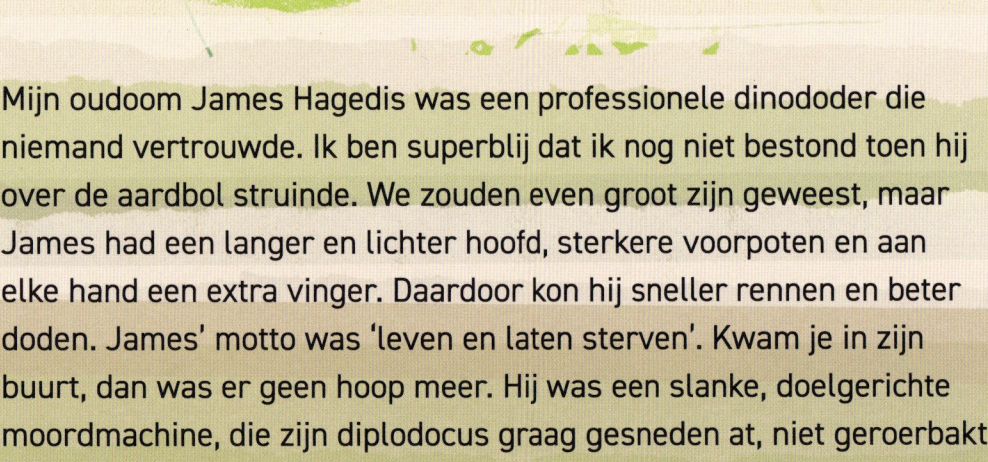

Mijn oudoom James Hagedis was een professionele dinododer die niemand vertrouwde. Ik ben superblij dat ik nog niet bestond toen hij over de aardbol struinde. We zouden even groot zijn geweest, maar James had een langer en lichter hoofd, sterkere voorpoten en aan elke hand een extra vinger. Daardoor kon hij sneller rennen en beter doden. James' motto was 'leven en laten sterven'. Kwam je in zijn buurt, dan was er geen hoop meer. Hij was een slanke, doelgerichte moordmachine, die zijn diplodocus graag gesneden at, niet geroerbakt.

HOUDBAARHEIDSDATUM
Giganotosaurussen deden niet moeilijk over de houdbaarheid van hun eten. Behalve hun eigen prooi aten ze ook de prooi van andere dinosaurussen of dino's die al een tijdje geleden overleden waren door een natuurlijke doodsoorzaak.

REN VOOR JE LEVEN!
Ondanks zijn enorme formaat rende James op zijn lange, gespierde poten elke plantetende dinosaurus eruit. Stel je voor: een beest zo groot als drie neushoorns dat op je afkomt met een snelheid van vijftig kilometer per uur!

SPINOSAURUS

CLEOPATRA
EGYPTE

We dachten altijd dat mijn oma's zus Cleopatra een verlegen dinosaurus was. Vaak waren haar neusgaten het enige wat je van haar zag in de rivieren van haar geboorteland Egypte. De buren kregen dan ook de schrik van hun leven toen ze op een dag aan land kwam. Cleopatra had een soort gigantisch zeil op haar rug. Met zeventien meter was Cleopatra de grootste tweepotige dinosaurus die ooit op aarde heeft rondgelopen. Gelukkig at ze geen dinovlees. Toch hielden ouders hun kinderen weg van de waterkant voor het geval ze zich op een dag zou bedenken.

PEDDELENDE ROVER
Spinosaurussen hadden zware botten waardoor ze makkelijk naar de bodem zonken. Hun platte voeten waren geschikt om mee te peddelen en ze hadden een stel krokodilachtige kaken.

BOOTJE VAREN

Cleopatra's zeil liep langs anderhalve meter lange stekelige rugwervels. Waarvoor dat zeil precies was, weten we niet. Misschien om haar lichaam op temperatuur te houden, misschien om haar bij te sturen als ze haar baantjes trok of om mannetjes mee te verleiden. Het trok in ieder geval de aandacht!

ALS ZE ME MISSEN...

Een spinosaurus had een lange snuit bedekt met sensoren waarmee hij vis kon lokaliseren in het water. De neusgaten zaten hoog op zijn kop. Cleopatra kon vissen vanaf de oever door alleen haar hoofd onder water te steken. Zo werd haar zeil niet nat.

VELOCIRAPTOR

BONNIE & CLYDE
MONGOLIË

Mijn achternicht en -neef Bonnie en Clyde waren beruchte jonge dinocriminelen. In hun strijd om te overleven in het krijttijdperk schrokken ze niet terug voor achterbaksheid en moord met voorbedachten rade. Als je bedenkt dat velociraptors niet groter waren dan een uit de kluiten gewassen kalkoen begrijp je misschien waarom. We weten niet of Bonnie en Clyde hulp kregen van anderen of dat ze alleen jaagden. Ze waren slim genoeg om geen sporen achter te laten. Een fossiel op een plaats delict in Mongolië laat zien hoe ze een protoceratops bij zijn klauwachtige poot grepen. Maar Bonnie en Clyde zweerden dat het om een vriendschappelijk stoeipartijtje ging.

GEVEDERDE DUIVELS

Met hun verenkleed zetten Bonnie en Clyde de trend onder opstandige puberdino's. Een gevonden fossiel toont inkepingen in het bot waar de veren bevestigd waren. De velociraptor is een van de vele dino's waarvan we weten dat ze veren hadden in plaats van schubben.

VORKJE
De velociraptor had holle botten, geklauwde poten, veren en een vorkbeen in zijn borst dat typisch voor dino's was.

KIJK UIT, ACHTER JE!
Het geheime wapen van Bonnie en Clyde was hun 'moordklauw'. Die zat aan hun achterpoot en had de vorm van een sikkel. Velociraptors konden ermee doden door prooidieren van achteren in de nek te steken.

ANKYLOSAURUS
GEPANTSERDE ANGELA
CANADA

Als ik zeg dat mijn nicht Angela eruitzag als een tank, overdrijf ik niet. Ze had een gepantserde huid die haar lijf en kop beschermde en een stel scherpe hoorns die uit haar schedel staken. Aan haar staart zat een knuppel van twintig kilo. Alleen al met die staart kon Angela je behoorlijk veel pijn doen, maar haar gepantserde harnas was haar échte verdedigingsmechanisme. Angela was een herbivoor tussen vleeseters, die soms vergaten dat het vegetarische buurmeisje niet hun volgende maaltje was. Met hoorns die door haar wangen staken zie ik haar graag als een oeroude punker, die rondsjouwde op haar eigen, eigenwijze manier.

SLOOPKOGEL
De twintig kilo zware knuppel aan het eind van Angela's staart bestond uit massief bot. Omdat de spieren in een ankylosaurus-staart nogal stijf waren, kon die knuppel aankomen als een sloopkogel van tweehonderd kilo. Reden waarom ik altijd vóór Angela uit liep.

TANK-MEISJE
Angela's harnas was zwaar, waardoor ze langzaam liep. Haar korte, stevige benen waren gebouwd om haar enorme gewicht te dragen. Haar kaken bewogen op en neer als het vizier van een helm en haar neusgaten stonden aan de zijkant van haar gezicht, weggedraaid van naderend gevaar.

DIKKE HUID
De huid op de rug van een ankylosaurus bestond uit grote beenplaten. Sommige daarvan waren met elkaar vergroeid waardoor ze extra sterk waren. Angela's huid was zo dik dat roofdieren hun tanden zouden breken als ze probeerden een hap uit haar te nemen.

OLOROTITAN

SIEGFRIED DE ZWAAN

RUSLAND

Siegfried de Zwaan was de elegantste van alle dino's. Lange nek, slanke armen en een oogverblindende kam op zijn kop. Zijn grote passie was dansen. In het weekend volgde hij lessen voor jonge olorotitanen. Sommige van die pubers waren zo groot als hun ouders. Je kunt je dus voorstellen hoe de aarde beefde onder hun gespring en gezwier. Niet bepaald het Zwanenmeer, maar Siegfried was er dol op (en zo kon hij ook een paar van zijn eigen pasjes laten zien).

KAMMENKABAAL

De kam op de kop van een olorotitan was hol. Waarschijnlijk werkte hij als klankkast om het gebrul van deze dino te versterken. Jonge olorotitanen hadden kleinere kammen waardoor hun gebrul hoger klonk.

PARELWIT

De olorotitan vermaalde zijn eten op een manier die op kauwen lijkt. Nu en dan vielen zijn tanden uit, maar er groeiden altijd nieuwe terug. Daar was Siegfried blij om. Een artiest kan niet zonder parelwitte glimlach.

TRICERATOPS

FRANJE FRANNIE

AMERIKA

Sinds mijn kindertijd was Frannie een van mijn beste vijanden. Elke dag ging ik bij haar langs voor een robbertje vechten. Dan zei ze: 'Ga weg, Tony, je weet dat ik je pijn ga doen.' Ik bleef natuurlijk, om later zwaargehavend thuis te komen. Frannie was een triceratops. Dat betekent dat ze kleiner en langzamer was dan ik en dat ze laag bij de grond leefde. Maar die scherpe hoorns, hè – die waren onverwoestbaar. Op een dag beet ik er een af, maar die groeide gewoon weer terug! Het kostte me jaren om te ontdekken dat die franje rond Frannies kop ook haar zwakke plek was. Daardoor zag ze je niet als je haar van achteren besloop.

HECHTE FAMILIE

Triceratopsen leefden in familiegroepen. Als een andere dino aanviel, vormden ze een kring rond hun jongen met hun hoorns naar buiten.

ZOEK DE VERSCHILLEN
Aan de stand van de hoorns kon je zien hoe oud een triceratops is. Bij kinderen stonden ze naar achteren gebogen, bij tieners rechtop en bij volwassenen bogen ze naar voren.

DODE HOEK
Van alle landdieren had de triceratops een van de grootste schedels. Zijn benige nekschild was een meter breed. Geen wonder dat Frannie een dode hoek had.

SPIETSEN
Triceratopsen gebruikten hun hoorns zoals een hert zijn gewei. Mannetjes vochten ermee uit wie de sterkste was. Frannie gebruikte de hare om vijanden mee te spietsen. Ik weet er alles van, kijk maar naar mijn littekens.

TYRANNOSAURUS
TONY T. REX
AMERIKA

Je bent het vast met me eens dat ik me niet hoef voor te stellen. Mijn kracht en gewelddadigheid hebben me wereldberoemd gemaakt. Toch schijn ik in de geschiedenisboeken te staan als 'die dino met die korte armpjes'. Nou, laat ik je dit zeggen: ik had de krachtigste beet van alle landdieren ooit. Blijkbaar zat het allemaal in mijn hoofd. Mijn schedel was anderhalve meter lang en mijn kaken waren superflexibel, waardoor ik mijn bek wijd open kon sperren en een enorme bijtkracht had. Dat bottenkraken deed ik niet alleen om gevechten te winnen, maar ook omdat het gezond was. Er zitten een hoop mineralen in beenmerg. Daarom zei ik altijd tegen mijn kinderen: als je niet al je botjes opeet, vreet een andere dino jou straks op.

GROEISPURT

Als tiener maken tyrannosaurussen een enorme groeispurt door. Tegen de tijd dat mijn kinderen zeventien waren, bleef ik bij ze uit de buurt. Was het niet die irritante meteoriet geweest, dan was ik vast opgevreten door mijn eigen kids.

IK ZIE JE WEL

Tyrannosaurussen hadden oogballen zo groot als grapefruits. Net als vogels en reptielen konden we ermee zien in kleur. De brug van mijn neus was smal als die van een wolf – daardoor had ik je nóg beter in de smiezen!

GOED GEBIT

De tanden voor in mijn mond waren twintig centimeter lang. Ze wezen als weerhaken naar achteren en hadden een extra richeltje ter versteviging. Ik kon op mijn prooi kauwen – met botten en al – zonder een tand te verliezen.

DINOPOEP

Soms was de drol van een tyrannosaurus zo lang als een mensenarm en zo zwaar als een zes maanden oude baby. Een fossiel van dinopoep heet een coproliet. In de negentiende eeuw vonden William Buckland en Mary Anning zulke coprolieten en maakten er een tafelblad van. En dan zeggen ze dat dinosaurussen geen manieren hebben.

HET EINDE

66 MILJOEN JAAR GELEDEN
(súperlang geleden)

VUURBALLEN
De meteoriet die zorgde dat de dinosaurussen uitstierven, had een doorsnee van vijftien kilometer. De inslag veroorzaakte een stofwolk die de zon verduisterde.

HET DOEK VALT
75% van alle soorten op aarde verdween en geen enkel dier op vier poten dat meer dan vijfentwintig kilo woog, overleefde de inslag. De temperatuur raakte in een vrije val. Het was het begin van een zeer lange winter.

In mijn tijd waren landdino's niet weg te denken van de aarde. Dat we toch verdwenen moet dus wel met een waanzinnige knal zijn gegaan. De uitstervingsgolf die een eind maakte aan mijn familie werd veroorzaakt door een meteoriet. Die vloog uit zijn baan en crashte in Chicxulub in de Golf van Mexico. Behalve een paar grote schildpadden en krokodillen en die bijdehante vliegende pterosaurussen stierven vrijwel alle bewoners van onze planeet uit (ja, huil maar even). Maar ik heb gehoord dat zoogdieren, vogels en vissen het goed hebben gedaan sinds wij er niet meer zijn, en dat is natuurlijk mooi. Wat voor dino's het einde was, was voor andere diersoorten het begin.

GATENVULLERS
'Moderne' hagedissen, slangen, vissen en vlinders stapten uit de schaduw toen de dino's verdwenen. Zoogdieren hoefden niet langer met hen te concurreren waardoor er veel nieuwe diersoorten ontstonden die de opengevallen plekken innamen.

DE GROTE FOSSIELENZAAL

In deze fossielenzaal zie je de skeletten van mijn familieleden en lees je waar je ze in het echt kunt vinden.

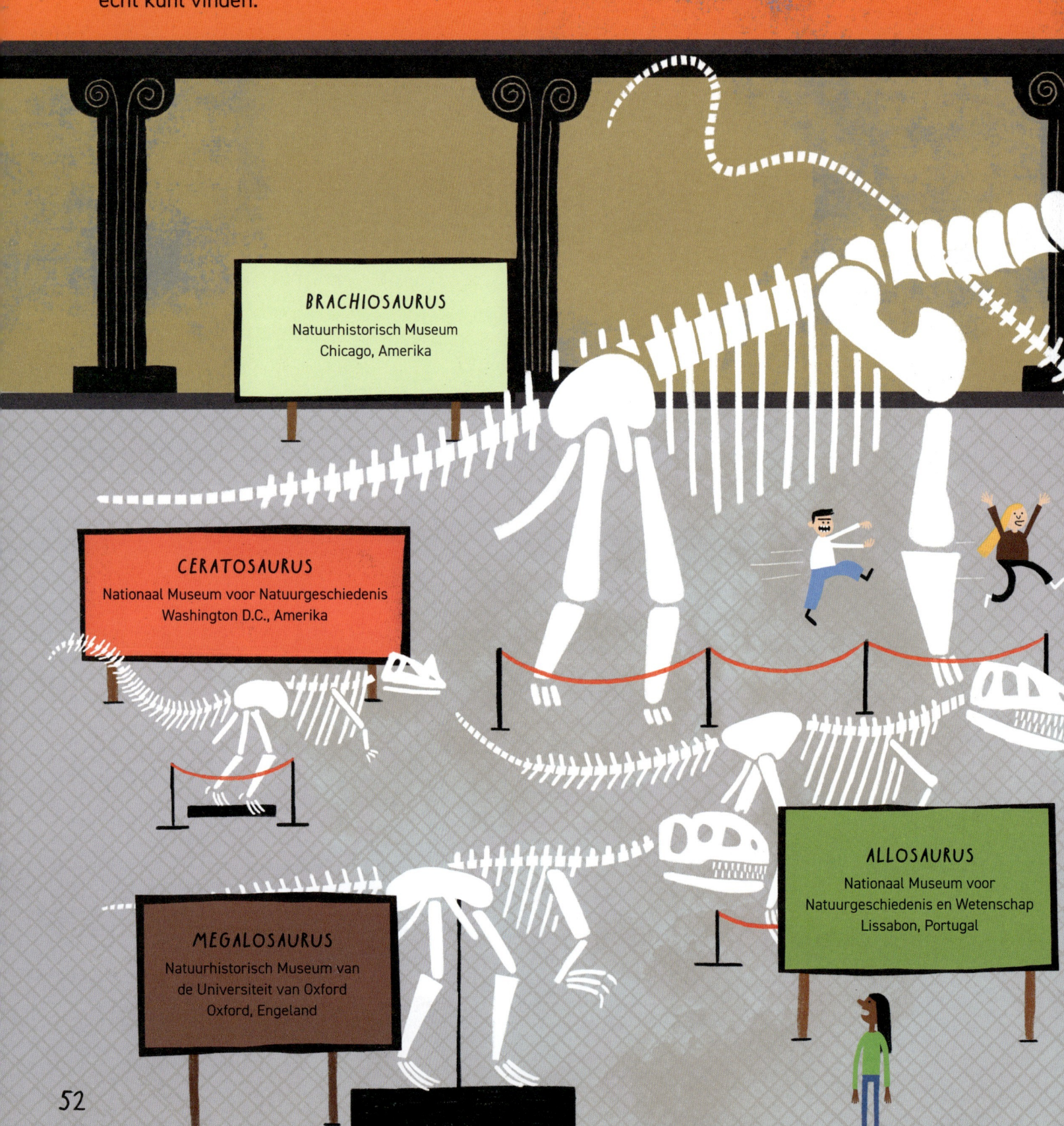

BRACHIOSAURUS
Natuurhistorisch Museum
Chicago, Amerika

CERATOSAURUS
Nationaal Museum voor Natuurgeschiedenis
Washington D.C., Amerika

MEGALOSAURUS
Natuurhistorisch Museum van
de Universiteit van Oxford
Oxford, Engeland

ALLOSAURUS
Nationaal Museum voor
Natuurgeschiedenis en Wetenschap
Lissabon, Portugal

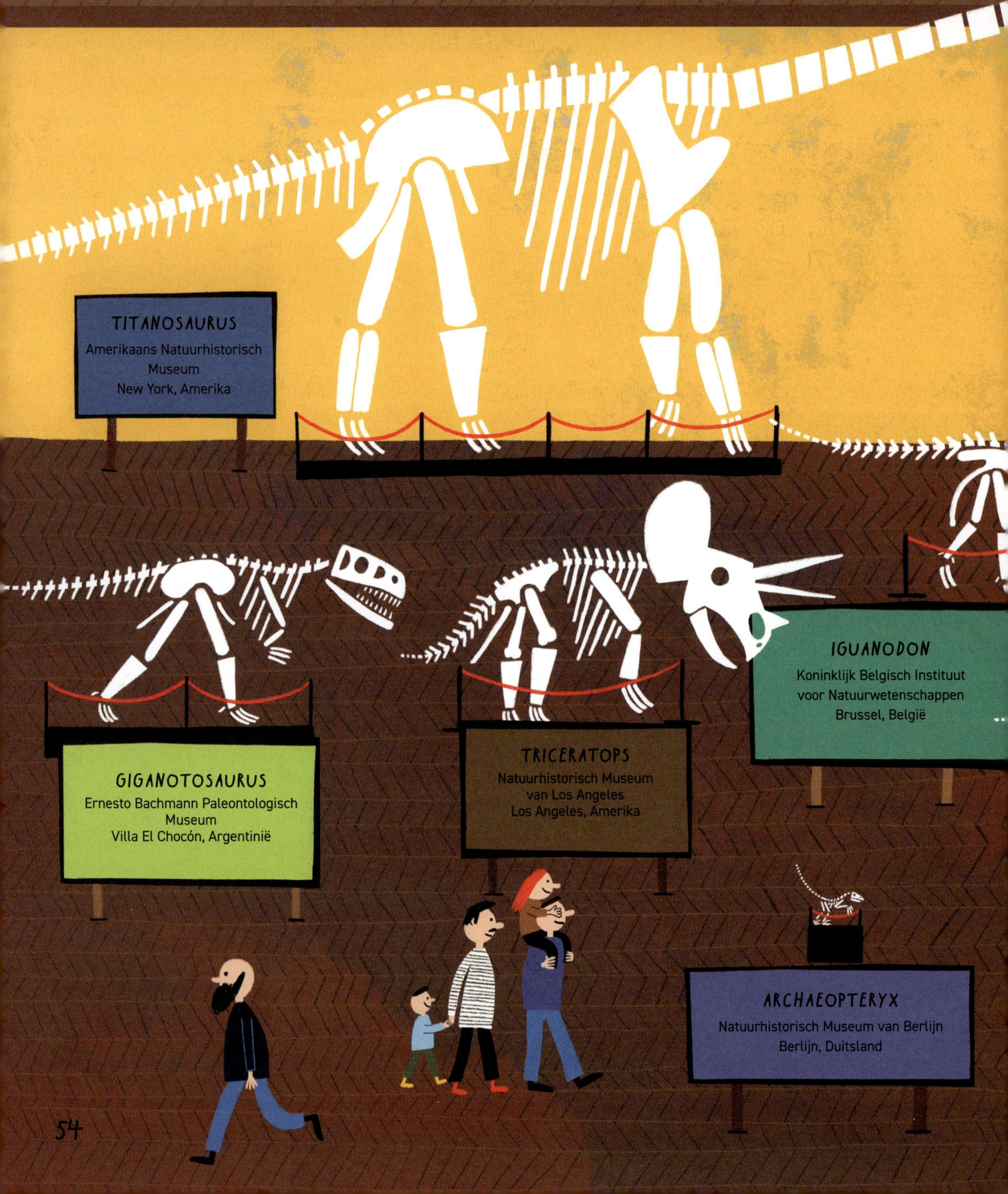

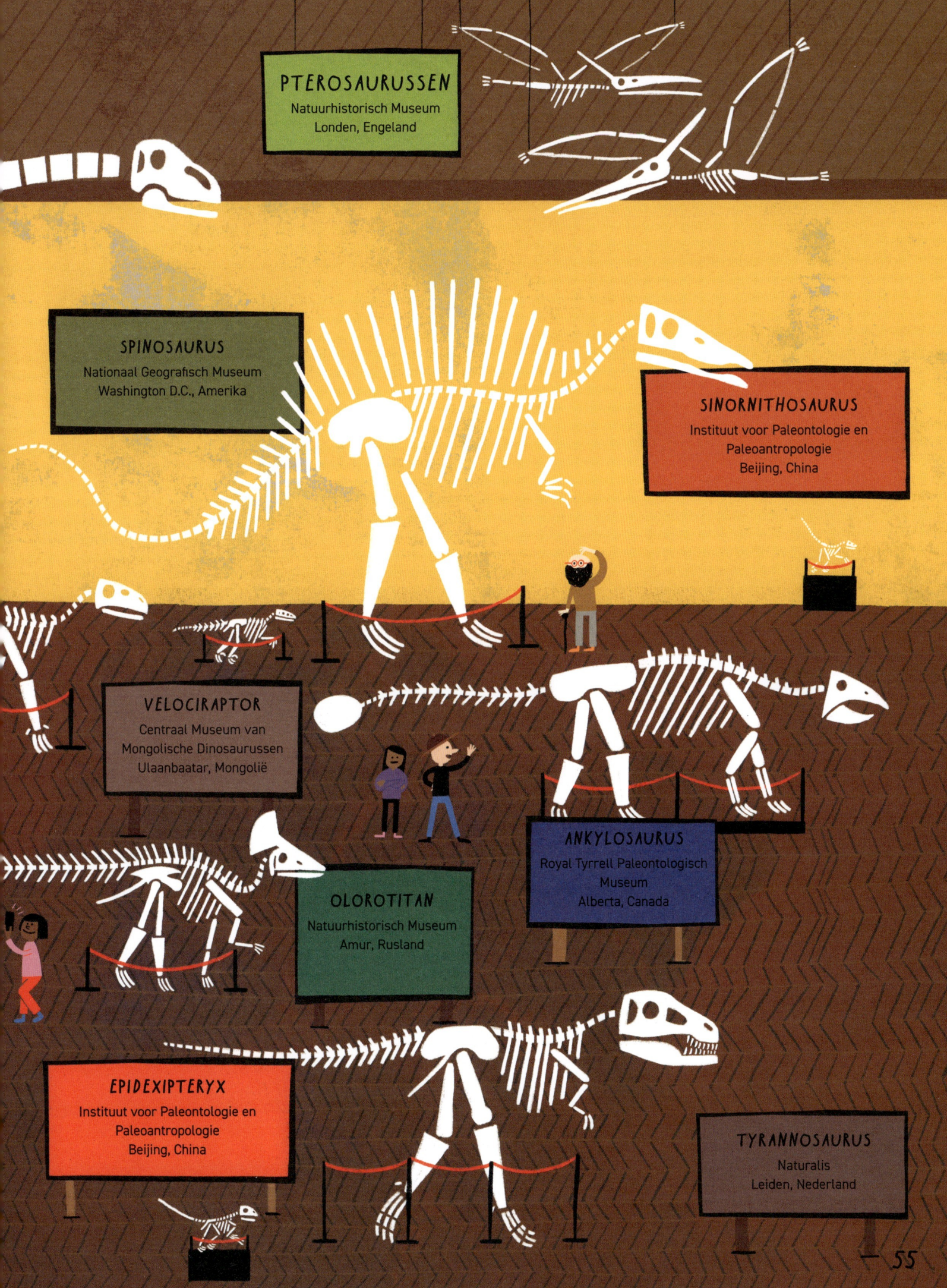

ZELF FOSSIELEN VINDEN

Fossielen opgraven is vakwerk. Begin dus niet zomaar te graven, maar wacht tot je het hebt geleerd van iemand die er verstand van heeft. Je kunt fossielen vinden op plekken met rulle grond, zoals zandstranden of onder stenen. Probeer niet iets los te trekken dat vastzit in een rots, muur, omheining, brug, klif of wat-dan-ook dat iets anders in de lucht houdt. Dat wat-dan-ook kan op jouw hoofd vallen, waardoor jij de volgende bent die een fossiel wordt.

LET OP DE POEP

Als je op zoek bent naar fossielen, kijk dan ook even of je dinopoep of -kots vindt. Kots van een zeedier, zoals de ichthyosaurus, bevat vaak schelpen en visgraten. Mocht je mijn poep tegenkomen dan herken je die aan de vermalen botjes van de dino's die ik als ontbijt at.

KIJK UIT WAAR JE LOOPT
Dat klinkt logisch, maar het zal je verbazen hoe makkelijk je tegen iemand op botst – of van een klif stort – als je geconcentreerd aan het zoeken bent. Kijk waar je je voeten neerzet en concentreer je daarna op je beloning.

GRAVEN MET JE OGEN
Veel ammonieten en botten kun je vinden zonder te graven, vooral langs de Jurassic Coast in Engeland. Graven kan ervoor zorgen dat fossielen (per ongeluk) kapotgaan of dat rotsen en kliffen onveilig worden.

Zoek op internet wat goede plekken in jouw buurt zijn om fossielen te zoeken. Wat verder weg zijn dit een paar tips: de Jurassic Coast in Engeland; de Calvert Cliffs in Amerika; Riverbend in West-Australië; Zigong in China; het eiland Møn in Denemarken bij het Møns Klint-strand; en het West Coast Fossielenpark in Zuid-Afrika.

DINOWOORDEN

Dit zijn alle woorden die je nodig hebt om te klinken als een dino-expert.

AMMONIET – prehistorisch dier dat in een spiraalvormige schelp in de oceaan leefde in de tijd van de dinosaurussen.

BAAN – het traject dat een object in de ruimte volgt.

BARNSTEEN – een geelkleurige edelsteen ontstaan uit het stroperige vocht dat uit bomen sijpelt. In deze fossiele hars zijn veren van dinosaurussen gevonden.

BEKKEN – deel van het skelet tussen de heupen waar de beenbotten aan vastzitten.

CALCIUM – een mineraal dat je lichaam gebruikt om botten en tanden mee te maken. Dinosaurussen gebruikten calcium om eierenschalen te produceren waar hun baby's in konden groeien.

CARNIVOOR – dier dat andere dieren eet.

COPROLIET – fossiel van dinopoep.

ERODEREN – het afslijten van rotsen of grond door water of wind.

EVOLUEREN – als delen van een plant of dier in de loop der tijd geleidelijk van vorm veranderen.

FOSSIEL – versteende rest van een dier of plant uit een ver verleden.

GEPANTSERDE HUID – een gehoornde of geschubde huid die een dier beschermt tegen aanvallen van roofdieren.

GEWERVELD DIER – dier met een wervelkolom.

GEWRICHTSKOM – een holte waar iets anders in past: het heupbeen past in de heupgewrichtskom.

GIFTIG DIER – dier dat gif kan injecteren in een ander dier om het te verlammen of te doden.

HERBIVOOR – dier dat alleen planten eet.

JURA – tweede periode van het mesozoïcum van 201 tot 145 miljoen jaar geleden.

KRIJT – laatste periode van het mesozoïcum van 145 tot 66 miljoen jaar geleden.

KUDDE – een groep dieren die samenleeft en met elkaar naar voedsel zoekt.

MESOZOÏCUM – geologisch tijdperk waarin de dinosaurussen leefden van 251 tot 60 miljoen jaar geleden. Mensen bestonden toen nog niet.

METEORIET – stuk steen dat vanuit de ruimte op aarde is terechtgekomen.

MINERAAL – natuurlijke stof in de aarde die niet van dieren of planten afkomstig is, zoals zout.

PALEONTOLOOG – iemand die het leven op aarde vóór de laatste ijstijd bestudeert aan de hand van fossielen.

PAREN – een dier zoekt een partner om baby's mee te maken.

PREPARAAT OF STELLAGE – een tentoongesteld dinoskelet dat is samengesteld uit de originele fossielen of gemaakt is van kunststof.

PROOI – een dier waarop wordt gejaagd en dat wordt opgegeten door andere dieren.

REPTIEL – een koudbloedig dier met schubben of een gehoornde huid dat eieren legt.

ROOFDIER – een dier dat op andere dieren jaagt om ze op te eten.

RUGGENMERG – deel van het centrale zenuwstelsel dat zich binnen de wervelkolom bevindt en de hersenen verbindt met andere delen van het lichaam.

SOORT – groep dieren met dezelfde kenmerken die zich op dezelfde manier gedraagt.

SPANWIJDTE OF VLEUGELWIJDTE – de afstand van de ene vleugelpunt naar de andere.

SPIJSVERTERING – proces waarbij voedsel in de ingewanden wordt omgezet in nuttige stoffen voor het lichaam.

TERTIAIR – eerste periode ná het mesozoïcum van 66 tot 2,6 miljoen jaar geleden.

THEROPODA – een dinosaurus die op twee poten loopt.

TRIAS – eerste periode van het mesozoïcum van 251 tot 200 miljoen jaar geleden.

UITGESTORVEN – een dier is uitgestorven als de soort niet langer bestaat.

UITSTERVINGSGOLF – als een grote hoeveelheid dier- en plantsoorten in korte tijd uitsterft door een (natuurlijke) ramp.

VOOROUDER – een dier of plant van lang geleden waar een ander dier of andere plant van afstamt.

WERVELS – botjes van de ruggengraat.

ZANDSTEEN – een soort rots die is ontstaan door lagen op elkaar geperste modder.

ZOOGDIER – warmbloedig gewerveld dier dat haar baby's zoogt met melk, bijvoorbeeld mensen, honden en walvissen.

REGISTER

A
allosaurus 20-21, 52, 56
Amerika 16, 24, 35, 46, 48, 52-56, 59
ammoniet 59-60
ankylosaurus 42-43, 55-56
archaeopteryx 26, 54, 57
Argentinië 32, 36, 54, 56

B
barnsteen 31, 60
België 28, 54, 56
bot 8-9, 11, 20-21, 33-36, 38, 40-43, 47-49, 58-60
brachiosaurus 22-23
Brazilië 34-35

C
calcium 21, 60
carnivoor 24, 60-61
ceratosaurus 24-25, 52, 56
China 12, 30, 55, 57, 59
coproliet 49, 60

D
diplodocus 16-17, 20, 36, 53, 56
Duitsland 26, 53-54, 57

E
Egypte 38, 57
eieren 21, 24, 32, 60-61
Engeland 11, 56
epidexipteryx 12-13, 57
evolueren 12, 18, 27, 38, 41, 60

F
fossielen 8-9, 29, 31, 33, 40, 49, 52-56, 58-61
Frankrijk 14, 56

G
gif 30, 61
giganotosaurus 36-37, 54
Golf van Mexico 51
Gondwana 10

H
herbivoor 42, 60

I
iguanodon 28-29, 54, 56

J
jura 10-12, 18, 49, 60

K
klauwen 12, 21, 24
krijt 24-25, 52, 56

L
Laurazië 10
liopleurodon 14-15, 53, 56

M
megalosaurus 11-12, 52, 56
meteoriet 48, 50-51, 61
Mongolië 28, 40, 55, 57

N
Nederland 55

O
olorotitan 44-45, 57

P
paleontoloog 8-9, 56, 61
Pangea 10
pliosaurus 14-15
Portugal 20, 52, 56
pterosaurus 34-35, 51, 55, 57

R
reptiel 9-10, 15, 49, 61
Roemenië 34
ruggengraat 18-19, 38-39, 43, 61
Rusland 44, 55, 57

S
schedel 9, 36, 42, 47-48
sinornithosaurus 30-31, 55, 57
skelet 8-9, 52, 61
spinosaurus 38-39, 55, 57
stegosaurus 18-19, 53, 56

T
tanden 12, 16, 20, 22-23, 25, 28, 30, 36, 43-44, 49, 60
Tanzania 22, 57
theropoda (tweepotige) 11, 38
titanosaurus 32-33, 54, 56
triceratops 46-48, 54, 56
tyrannosaurus rex 48-49, 55, 56, 58

U
uitstervingsgolf 10, 34, 51, 60

V
velociraptor 40-41, 55, 57
veren 12-13, 26, 29, 30, 60

W
wervels 18, 61

Z
Zuid-Amerika 35, 56

Oorspronkelijke titel *Tony T-Rex's Family Album*
Published by arrangement with Thames & Hudson Ltd., London.

Eerste druk, 2020

Copyright tekst © 2019 Thames & Hudson Ltd., London
Copyright illustraties © 2019 Rob Hodgson

Copyright vertaling © 2020 Joukje Akveld / Uitgeverij Volt
Niets uit deze uitgave mag worden verveelvoudigd en/of openbaar gemaakt, in enige vorm of op welke wijze ook, zonder voorafgaande schriftelijke toestemming van Uitgeverij Volt, Amsterdam.

Vormgeving Nederlandse editie: Marieke Oele

Gedrukt in China

ISBN 978 90 214 2126 1 / NUR 223
www.uitgeverijvolt.nl